中华中医昆仑

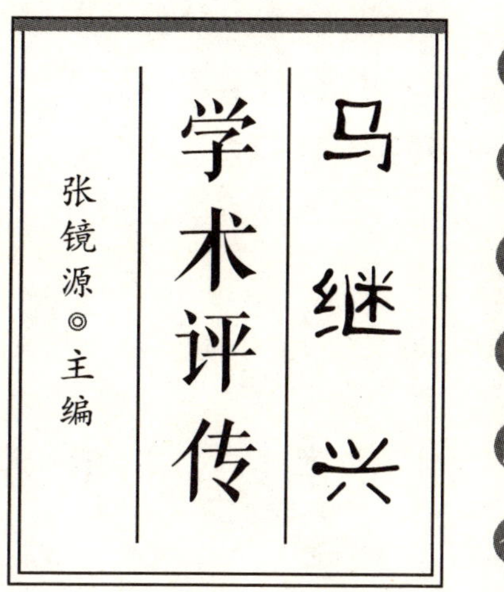

中国盲文出版社

图书在版编目（CIP）数据

马继兴学术评传（大字版）/ 张镜源主编. —北京：中国盲文出版社，2015.12

（中华中医昆仑）

ISBN 978-7-5002-6868-0

Ⅰ.①马… Ⅱ.①张… Ⅲ.①马继兴—评传 Ⅳ.①K826.2

中国版本图书馆 CIP 数据核字（2015）第 317053 号

马继兴学术评传

主　　编：张镜源
责任编辑：亢　淼
出版发行：中国盲文出版社
社　　址：北京市西城区太平街甲 6 号
邮政编码：100050
印　　刷：北京华联印刷有限公司
经　　销：新华书店
开　　本：700×1000　1/16
字　　数：42 千字
印　　张：6.75
版　　次：2015 年 12 月第 1 版　2016 年 3 月第 2 次印刷
书　　号：ISBN 978-7-5002-6868-0/K·472
定　　价：12.00 元
销售服务热线：（010）83190297　83190289　83190292

丛书编委会

前言

中医药是中华民族的伟大创造，是世界医学宝库中的夺目瑰宝，数千年来为中华民族的繁衍昌盛作出了巨大的不可磨灭的贡献，至今仍是中国医药卫生事业不可分割的重要组成部分，在维护民族体魄康健、促进经济社会发展中发挥着不可替代的作用。

中医药学，是中华传统文化和科技文明的结晶，是勤劳聪慧的中华儿女在几千年生产生活实践中，在与疾病作斗争的过程中，创造的独具特色的医学科学体系。它有着浓郁的民族特色、深厚的文化底蕴和丰富的哲学内涵。经过一代又一代中医药传人、一辈又一辈名医大家的实践探索、薪火传承、总结完善、创新发展，逐步形成了系统的理论体系、独特的诊疗方法、丰富的医学内容、实用的制药技术。具有疗效确切、用药安全、应诊灵活、普适简廉和预防保健作用显著的巨大优势，在世界医学之林独树一帜，为人类的文明进步与医疗保健事业，已经并正在作出积极的贡献。

为了弘扬中华民族传统文化，彰显中医药学家的丰功伟绩，当代中医药发展研究中心与中国文学艺术界联合会、国家中医药管理局新闻办公室、中华中医药学会、中国中医科学院、北京中医药大学、世界中医药学会联合会等精诚合作，在国家中医药管理局的支持和指导下，为中华近现代百年来贡献卓著、深受敬仰的150位中医药学家，编撰出版了这部大型传记丛书。丛书采用评传体裁，记载他们的生平事迹、医术专长、学术思想、传承教育、医风医德、养生之道和突出贡献，使这些宝贵的医学成就和精神财富发扬光大，千古流芳。

丛书取名《中华中医昆仑》。昆仑山，被尊为“万山之祖”，柱西北而瞰东南，立中国而凭世界，凌驾乾坤，巍然屹立。以其高峻豪迈、绵延起伏的磅礴气势，寓意中华中医药学历史悠久、博大精深和永不衰竭；以其挺拔雄伟、高耸入云的恢弘气魄，彪炳一代中医药学家的丰功伟绩、杰出贡献和不朽勋业。

丛书入选传主，从全国范围推荐遴选，遍及中医药界各个领域。有临床家、理论家、药学家、教育家、医史文献学家；有名师亲授、世医家教、学派传人、院校毕业和自学成才者；有师徒并驾、父子齐名和伉俪联袂者。他们学术造诣深厚、诊疗技术精湛、临床经验丰富、学科地位崇高、科研成果丰硕、医风医德高尚、国内外影响较大，从医学理论到临床实践，为中医药事业的传承和发展作出了突出贡献，是近现代百年来中华中医药界的杰出代表。

丛书的出版，对于弘扬中华文化，振兴中医药事业，造就中医药人才，普及中医药知识，具有重要的现实意义和深远的历史意义。这是一项开创性工作，填补了我国为著名中医药学家大规模撰写传记的空白；也是一项抢救性工作，因入选传主已仙逝过半，许多亲历、亲见、亲闻的史料日见散逸，将之收集整理、编撰成书，功垂后世、利国利民；更是一项承前启后的工作，总结传主经验，传承中医药伟业，继往开来，光耀世界医学之林。这部医文结合，富蕴历史性、学术性、文学性和实用性的鸿篇巨制，对医疗、卫生、科研、教育及全球关注中华中医药文化的各界人士，都有重要的参考和阅读价值。

丛书的编撰出版，是一项巨大的中医药文

化建设工程，在策划、撰写、编辑、出版过程中，自始至终得到了国家有关领导、政府部门及社会各界人士的关心和支持。国家中医药管理局高度重视，并组织专家对全书进行终审；数百名专家、学者亲临指导，参与规划；有关省、市、自治区卫生厅、局、中医局（处）给予大力帮助；传主及其亲属、弟子热情支持、密切配合；撰稿人深情满怀、辛勤笔耕；编审专家尽心竭力、精工细琢；关爱中医药事业的企业家热心公益、慷慨资助；全体工作人员不辞辛劳、无私奉献，这一切使丛书得以顺利出版。对此，我们深表谢意。

由于时间紧迫和资料搜集困难，加之水平有限，难免有疏误之处，敬请广大读者批评指正。

中华中医药学，历史悠久，源远流长，发端于远古，奔向于未来。百年对于历史，不过是短暂的瞬间；百人对于万众，不过是沧海一粟。然本丛书所记载的百年百人，则无疑是波澜壮阔的中医药发展史上辉煌的篇章和光芒闪烁的璀璨星辰。

张镜源

争取在全世界范围内不断扩大与发展中国中医药事业。

——马继兴

马继兴，回族，1924 年生于山东济南。著名医史文献学家。自幼勤奋好学，对中医学有着浓厚的兴趣。1941 年至 1945 年就读于华北国医学院，毕业后曾行医于济南，不久任北京大学医学院（前身为北平临时大学）助理教员并继续行医，后任华北国医学院教务委员会副主任委员及教授。1949 年后，曾任卫生部直属北京中医进修学校教员、教授，北京市针灸研究班教授、汇通中医学校教授及北京师范大学生物系讲师。1954 年 10 月参加中医研究院（现中国中医科学院）筹备处工作，1955 年中医研究院正式成立后历任针灸研究所中医师、学术秘书，医史文献研究所副研究员、研究员，院专家委员会委员、学位评定委员会委员、专家咨询委员会委员。60余年的学术生涯中，马继兴出版个人著作近20部、合著8部，发表论文150余篇。其《中医文献学》、《神农本草经辑注》、《敦煌古医籍考释》、《敦煌医药文献辑校》、《马王堆古医书考释》、《武威汉代医简》等研究成果引起国内外学术界的巨大反响，先后荣获国家与部局级、院级科研成果奖19项。在针灸铜人和出土砭石的系统研究、古医书的辑佚和海外善本医籍的回归等多个领域，都作出了极为重要的贡献。

志在岐黄　精勤不倦

马继兴出生于山东济南一户家道殷实的回族家庭，自幼接受良好的教育，中学时就读于济南有名的正谊中学。

济南正谊中学由知名教育家鞠思敏于 1913 年创建，是一所私立男生学校，也是济南教育史上最早的中学之一，校名取自董仲舒的名句“正其谊而不谋其利”。校长鞠思敏主张“有教无类”，认为“世间无不可造之才，无不可用之人”，认为最好的教育方式就是潜移默化。他待人安详谦逊，能广纳贤才，教员来自五湖四海且皆学有专长；当年的国内教育界诸多知名人士如黄炎培、陶行知、张伯苓等都曾来校讲学。

鞠思敏对待学生和蔼可亲，因材施教，循循善诱；学校收费较为低廉，使得不少贫寒人家的孩子都能读书学习。由于学生衣着破旧，学校设施陈旧不堪，因此正谊中学曾与济南育英中学一道被戏谑为“破正谊，烂育英”。但是，良好的氛围、艰苦的条件更能造就出类拔萃的人才，从这里走出了众多的中国共产党早期党员、八路军和新四军指挥员，也培养出了季羡林、孙思白、王统照等知名学者。晚年的季羡林就曾在《学问人生》中深情回忆过自己的母校。

1941 年，马继兴也从这里走出，并且走出了一片广阔天地。

中学毕业后，16 岁的马继兴只身来到北平求学，就读于华北国医学院——北京四大名医之一施今墨创办的中医学校。

选择中医，其实颇有因缘。中学时的马继兴非常热爱古籍，尤为喜欢阅读文史方面的书籍。山东费县的名医左济拯是他的亲戚，此时恰巧在济南悬壶开业，擅长治疗内科杂病、妇科和儿科疾病，疗效甚好，找他求医的病人络绎不绝。马继兴常去玩耍，有时会帮助抄录、整理老先生的临证医案，闲时常翻阅老先生收藏的中医古籍，慢慢地就学到了不少中医知识。不知不觉中，年少的马继兴对中医产生了浓厚的兴趣和深挚的感情，对带插图的针灸书和本草书更是爱不释手、兴趣盎然。其后，他参加并通过了民国天津国医函授学院 1 年的函授培训，于 1940 年获得学校颁发的毕业证书。1941 年，当华北国医学院到山东招收学员时，马继兴毫不犹豫地报了名。

华北国医学院的成立有着深远的历史背景。1929 年，南京国民政府卫生部第一届中央卫生委员会通过了余云岫提出的《废止旧医以扫除医事卫生之障碍案》。这一荒唐而又令人震惊的提案，不仅遭到中医界的严正抗议，也遭到了全国各界人士的反对。中医界在据理力争的同时，也在积极谋求自身的发展，诸多有识之士纷纷联合起来创建中医学校，大力培养人才，以图挽救中医、振兴中医。施今墨曾说："非振兴医术，绝不足以自存，故敢断言中医之生命，不在外人，不在官府，而在学术也。学术之成否，当然在乎学校。"1930 年，萧龙友、孔伯华、施今墨一起兴办了北平国医学院。两年后，施今墨从北平国医学院退出，另外开办了华北国医学院，主张更多地学习一些西医知识。

当时合力创办华北国医学院的还有魏建宏、刘肇甄、陈公素等人，陈宜诚任董事长，施今墨任院长。学院在中央国医馆备案，第一批招收学员 40 人。院址设在北平西城大麻线胡同 8 号。同年秋成立附属诊所，作为学生实习基地。每年招生一期。1937 年秋，因施今墨不能兼顾院务，公推黄傅霖（济国）任院长。因学员人数不断增长，1940 年，校址迁至宣武门外西砖胡同 36 号。40 年代后期施今墨复任院长，直至 1950 年。据统计，学院入学人数 636 人，毕业人数 347 人；至 1950 年，该学院历时 18 年，共招生 20 班，为北京地区及全国各地培养了一大批中医高级人才。

民国及日伪政权统治时期，中医教育遭受严重的歧视，根本不可能有公立中医院校的存在，私立院校也只是“备案”，而非“立案”。华北国医学院虽然在中央国医馆备案，但并未得到任何实质性的支持，而收取的学杂费又远远不足以应付开支，只能依赖施今墨的诊费作为补贴。学校的设施虽然简陋，但较为完善：4 间教室，10 余间学生宿舍，还有门诊部、会议室、图书室、讲义室、贮藏室、锅炉房、办公室、教授休息室、传达室以及小型的操场和校园等。学校制订了董事会简章、学则、办事细则、教务会议规程、聘请教师规约、职员办事通则等一系列规章制度。学生的录取要求是高中毕业或具有同等学力，学制为 4 年。

与北平国医学院不同，华北国医学院的办学宗旨要求学生同时掌握中医和西医两种医学，所以课程的安排兼有两方面的内容。以中医课程为主，开设有中国医学史、医学大意（相当于中医学概论）、内经、难经、伤寒论、金匮要略、温病、诸病源候论、本草处方、脉学、辨证论治、医案学以及中医内、外、妇、儿、针灸、骨按、眼耳鼻喉、皮肤花柳科等；同时开设西医课程，如生理卫生、解剖学、病理学、细菌学、药理学、诊断学、传染病学、法医学以及内、外、妇、儿科等；此外还有国文、日语、国术（武术）等。讲义均由各科教授编写，每天 6～8 个课时。3 年后进入临床阶段，由于门诊部的容量有限，绝大多数学生分散到各中医教授的私人诊所见习或实习。此外，学生还参加北大医学院的生理病理幻灯教学、尸体解剖等实验课。中西医课程比例大约为 7∶3。

中医学校的建立，突破了中医师承授受的

传统做法，发展了古代“书院”式的教学模式，更有利于中医的继承和发展。学校规模虽小，却制度井然；硬件设施虽简单，但师资力量雄厚。

院长施今墨非常重视教学质量，亲自聘请了一批具有真才实学、立志革新、热心中医教育事业的名贤耆宿任教。如文学素养深厚的曹养舟年已八旬，被聘请讲授内经、金匮、伤寒课多年。瞿文楼曾以第一等第一名毕业于清太医院医学馆，后为太医院恩粮、八品吏目，民国后在北京行医，为北京著名老中医。他博学多才、谦虚求实、医德高尚，法古而不泥古，有不少独特见解，时称“正统幼科”，被聘请讲授儿科。其他如赵锡武、朱壶山、杨叔澄、王仲喆、邱宗山、陈宜诚等都为当时名医，曾先后讲授过内经、难经、伤寒论、金匮要略等课程。中药学有方伯屏、顾膺陀、王药雨等；外科有赵炳南、段馥亭、赵绂文等；医史有刘砥中等；针灸有吴彩臣、夏禹臣、牛泽华等；推拿按摩有曹锡珍等。西医教师也具有较高水平，多为北大医学院的讲师，且热心中医事业。如陈公素讲授传染病学，能将中西医有关论点相互印证，清晰明了。其他如韩宏厚讲授生理解剖，安伯伦讲授细菌学、诊断学，李仲美讲授内科学，王如皞讲授妇产科，张瑞琪讲授眼耳鼻喉科，施如柏讲授法医学，徐政讲授救护学，姜泗长也曾担任过部分西医课程。学院特别重视国文课的教学，特聘学识渊博、深谙古典文学和中医古籍奥旨的四川著名学者刘廷衡及清末举人周介人、计暗修等任教。外语方面则聘请陆凤纪讲授德文，黄济国、樊哲民讲授日文。一时名贤汇聚，人才济济。

马继兴就在这样一所学校中学习生活了4个春秋。他如饥似渴地学习着各科知识，决心以诸位老师为榜样成就一番事业。转眼3年的理论学习结束了；后期的临床实习，马继兴主要参加的是中医内科和针灸科。内科除学校门诊部外，主要实习地点就是施今墨的私人诊所。为了方便学生实习，施今墨特地在诊所大厅陈设了一张长长的大桌案，左右两侧各能容纳10余人，桌案的尽头是诊病桌几，施今墨即坐在该桌的正中诊疗。对病人四诊完毕，施今墨会口述病人的病因、脉证诊断及所拟方药，由其随诊弟子代书脉案及处方；实习诸生则边聆听、边记录，遇有疑难问题则随手记下，待老师闲暇时请教或与同学相互研讨。

马继兴针灸实习跟随的是焦会元和夏禹臣二位老中医。老先生们均为学验俱富的大家，每日接诊的病人络绎不绝。

焦会元的诊所共有8间治疗室，摆满了病床，约有30张左右。焦会元治病以针为主，配以灸法、放血和中药处方等。焦会元亲记脉案，确定经穴、补泻法、针刺时间和方药等。病人平卧于床，针刺取穴少则五六穴，多则一二十穴；进针后多用捻转手法，得气为度，而后令患者静卧留针，留针时间一般为半小时。学生们除抄录焦老处方外，还练习为病人起针、施灸等，并做一些修整针具和消毒的工作。

焦会元著有《（古法新解）会元针灸学》一书。书中汇集古代多种针灸相关文献，并就各腧穴名称做了详尽解释。焦会元还结合临床实践总结出一套卓有成效的配穴规律和方法等，其宝贵的经验，对后学颇多启迪。焦会元为人平易可亲，教学循循善诱，令马继兴获益良深。

在焦会元诊所实习期间，马继兴结识了一位同窗好友——北平国医学院毕业生张志浩。张志浩是山东省福山人，出身于书香门第，14岁由祖父传授医理，16岁师从烟台名医孙子銮，两年后考入北平国医学院。除焦会元外，张志浩还曾受业于京城名医孔伯华、瞿文楼、施今墨等人。1943年，张志浩到大连行医，悬壶于“隆仁堂”药房，其后几十年均以针灸为主攻方向；1997年由人事部、卫生部、国家中医药管理局确定为全国五百名老中医药专家学术经验继承工作指导老师之一。当年实习时，马继兴与张志浩相互帮助，共同进步，结下了深厚的友谊。

夏禹臣以各种针刺补泻手法见长，曾与同仁创办中医研究所，著有《医学讲义》一书（未刊行）。马继兴在夏老处学到了许多经验，并在其指导下独自治疗了部分病人。

马继兴还利用暑假与同学何启天一起到山西大同农村，一边给村民看病，一边教村民学习针灸等医疗技术。他还利用课余时间搜集大量资料，撰写了《微针探源》书稿。

1943年，在华北国医学院上学期间，马继兴与同龄的王瑞珍小姐完婚。王瑞珍是辅仁附中的学生，对一表人才的马继兴很是满意。婚后，她终止了学业，次年为马家添了一位千金，贤惠的她全身心相夫教女、操持家务。王瑞珍敬佩自己的丈夫具有远大的抱负，支持他一心一意地去读书、干事业。

书生意气　挥斥方遒

华北国医学院的学习经历很快结束了。1945 年 7 月，毕业后的马继兴回到家乡济南，考取了开业中医师执照，开始行医。不久抗战胜利，一直向往北平的马继兴重返北平，经朋友介绍，到当时的北平临时大学（即后来的北京大学医学院，现为北京大学医学部）补习班第六分班任助理教员一职，执教生理学科，同时办理了北平的行医执照，并成为北平市中医师公会会员，在业余时间悬壶应诊。

1947 年 1 月，受中国针灸学社社长杨医亚之聘，马继兴担任了《中国针灸学》（季刊）的编辑主任。杨医亚是马继兴的学长，1938 年毕业于华北国医学院。二年级时，杨医亚开始参与施今墨主办的《文医半月刊》的编辑工作。1937年，以振兴中医为己任的杨医亚深感当时的中医杂志发行量小、影响力小，不利于中医的普及、中医理论水平的提高和中医临床经验的交流等，因而立志创办一本有影响力的中医杂志。不久，《国医砥柱》创办，这份月刊承载着杨医亚等中医有志之士的满腔热忱：誓在中医学危急存亡之秋，作中流砥柱，挽巨涛狂澜，以捍卫中医事业。《国医砥柱》一经问世即名震遐迩，在国内外建立起200多个分社，畅销全国各地、港澳地区及日本、东南亚各国，发行量达四万余份，成为当时影响力最大的中医杂志。《中国针灸学》是杨医亚于1944年创办的另一份中医刊物，他选择了已在学术上崭露头角的学弟马继兴来主持工作。马继兴不辱使命，除约稿外，还亲自翻译、撰文。但由于种种原因，杂志被迫停刊。1947～1949年间，马继兴还撰写了《针灸刺激点位置的文献研究》书稿。

1948年，马继兴担任中央国医馆北平市国医分馆董事会董事。1949年，兼任华北国医学院教务委员会副主任委员及教授，担任解剖学和针灸学的教学工作。

这一时期，马继兴还参加了许多中医社团。中国医药学会是1945年成立于北平的民间中医学术团体，由施今墨和孟昭威倡议，主张“以科学方法研究并整理中国医药”，马继兴是其中的中坚分子。由于缺乏经验，学会很快解散。1947年，鉴于当时中医学术界之沉闷，马继兴、潘树仁、周燕麟等3位原中国医药学会成员一致认为，中医的学术研究机构仍有组织和发展的必要。马继兴草拟的“中医学社复员筹备会”开会议程，得到会员们的支持，经过10余次筹备会，最后因备案问题，该会并入了世界科学社，但仍单独活动。学会举办了多场促进中医学术研究的报告会，开展中医诊疗，创办学术刊物，当时中医界人士如赵锡武、于道济、周燕麟、张作舟、刘渡舟、徐宝元、王养太、孙尧臣、田西园、王素如、潘树仁等，西医界人士如汪殿华、石子兴、杨福昌、刘宇安等，均先后举办专题学术报告。马继兴曾先后进行“近年来针灸学学理之科学研究新进展及其趋势”、“《内经》之史的考证”等专题报告，受到同仁欢迎。在大家的共同努力下，学术交流报告会通过各种形式继续坚持，直至北平解放。马继兴作为学会事务组负责人，除参加专题报告会外，还负责联系会员、协调事务等工作。这段时期，马继兴和同道们团结合作，与企图消灭中医的势力进行了毫不妥协的抗争。

1949 年中华人民共和国成立，中医的命运发生了翻天覆地的变化。

1950 年，由于中医工作的需要，卫生部成立了北京中医进修学校，工作于北京大学医学院的马继兴调至该校担任教授工作。北京中医进修学校的建校目的在于培训中医，使中医走上科学的轨道。该校名誉校长是彭泽民，校长是孟昭威和瞿宪文，于道济和朱颜担任正副教务长。校内设有供各基础学科实习用的试验室、动物室、仪器室、解剖尸体标本室以及图书馆，中、西医门诊部和中、西药房等。学员由全国各卫生行政部门保送而来，均为具有正式行医资格的中医师。学校是全脱产住宿学习，最初几期为半年制，只学习西医基础课程。后为满足需要，改为一年制，增添西医临床课程。该校共开办 10 期，毕业学员共五六百人，其中不乏高年资中医。他们响应政府号召，立志兼通中、西医学，其后均成为医术精湛的大家，如赵锡武、陈慎吾、刘渡舟、孙振寰、步玉如、郭士魁、路志正、董德懋、赵金铎、阎润茗等。学校的授课教师大多来自北京大学医学院或协和医学院，其中的全职教员只有朱颜、马继兴、赵芳洲等人。各科任课教师自行编写授课讲义，由卫生部委托北京健康书店及华东医务生活社出版，作为全国各地中医进修学校的统一教材。马继兴编写了全国中医进修学校通用教材《解剖组织学》及《简要针灸》两本书；除参与教学工作外，他还定时参加门诊部的医疗工作。

1949 年后，北京的中医界人士有一个迫切的愿望，就是建立一个自己的组织。过去北京中医界的人士来自不同地区，代表不同门派，互存芥蒂，阻碍了中医事业的发展。而今，大家愿意摒弃成见，为促进中医事业而团结起来。因此，马继兴等年轻人充满了激情，积极地承担起联络任务，在中医人士之间进行沟通，努力促成北京中医学会的建立。经过不懈努力、共同协商，第一次筹委会终于召开，孟昭威、李涛、潘兆鹏、于道济、哈玉民、马继兴、赵树屏等七人组成章程起草委员会，制订出中医学会会章草案，指出学会的宗旨是“要在政府领导下，使中医经过学习，在思想上得到提高，接受科学方法，研究发展中医学术，促进中西医团结，从而提高人民健康水平”。1950 年 5 月 30 日，北京中医学会在中山公园的来今雨轩宣告成立。会议一致通过会章，选举赵树屏为主席，赵锡武、潘兆鹏、于道济、哈玉民、白啸山、董德懋等为副主席；选举西医界的孟昭威为学术组长。1951 年 3 月，北京中医学会召开针灸委员会筹备会；1951 年 4 月 21 日，中医学会针灸委员会正式成立，马继兴被推举为总干事、主任委员。

不久，针灸委员会筹办了针灸研究班，目的是打破门户之偏见，创造性地改进针灸疗法，以提高治疗效率，提高针灸医师的科学技术水平，使其能在短时间内，初步掌握新针灸学的治疗方法，使针灸逐步走向科学化；同时通过针灸研究班把针灸医师组织起来，团结起来，进行有系统、有计划的学习与工作，以适应地方卫生工作的需要，巩固中西医在各方面的统一团结。大多数工作人员由针灸委员会委员兼任，同时聘请卫生部、针灸疗法实验院和北京中医进修学校的人员担任各科教授。除讲授针灸学外，还有病理、诊断、生理、解剖、细菌和消毒等课程。结业后学员可自愿参加各郊区联合诊所工作。

马继兴和针灸委员会其他同志在广泛征求针灸医师意见的基础上，大力宣传党的卫生政策和新针灸学的重要意义，并积极组织小组会和代表会，使很多针灸医师认识到学习新针灸学的必要性。一时间，报名参加针灸研究班的人员不计其数，大大超过规定的名额。针灸研究班于 1951 年 7 月 22 日正式开学，地点位于北京中医进修学校内。马继兴亦担任了针灸研究班的教授任务，负责讲解新针灸疗法。

自 1951 年 7 月起至 1954 年 8 月止，针灸研究班结业学员共 491 名。全市针灸中医师百分之九十参加了这一学习。通过组织教学、集体研究、普及应用，大大发扬了针灸疗法，提高了针灸医师的技术水平，发掘了针灸人才的潜在力量，更为重要的是满足了广大人民医疗保健的迫切需要。许多学员通过学习，成为针灸医学的骨干力量。研究班为北京和全国各地培养了一批又一批的针灸新生力量，为后来针灸事业的发展奠定了基础。

为配合研究班教学工作的需要，1952 年 2 月至 1958 年 10 月，马继兴先后两次与画家叶仰曦合作，由马继兴编制、叶仰曦绘图，制作了大型彩色教学挂图《针灸疗法刺激点解剖位置参考图》，第一版 3 幅，第二版 4 幅，先后由北京中医进修学校及人民卫生出版社出版。这套挂图编制严谨，体现了马继兴深厚的针灸学功底。它绘图精美，叶仰曦是著名画家，人物山水均为其所长，笔墨酣畅洒脱，针灸挂图将人体皮表、肌肉、骨骼描绘得惟妙惟肖，直观生动，一经出版，深受好评，之后多次印刷，影响广泛。

这一时期，马继兴还担任了北京师范大学生物系讲师，为该校编写了《人体解剖学实习讲义》。马继兴热爱教育工作，也喜爱他的学生，因此他投入了巨大的精力和热情，时常为制作教具而茶饭不思；带领学生们实验时，他认真地解答各种问题，耐心地等待着每一位学生完成实验，常常为此耽误了用餐。学生们为他的精神所感动，节日里不忘邀请年轻的马继兴和他们一起联欢；毕业时不忘向马老师道别，许多学生都给马老师写了感谢信。一位 1952 级的学生这样写道："您孜孜不倦地教育着我们，以科学的知识来武装着我们，您为培养祖国未来的建设者想了那么多的办法，虽然我们现在的客观条件还不够，还没有那么多的实验用尸体，然而困难并不能阻挡您，利用模型和零碎的标本，使我们对所学的知识都了解得很清楚，而且基本上都掌握了。您的讲课和您写的讲义都那样系统、明晰，给我们的学习带来了很大方便，您在教学上高度负责任的精神激励和鼓舞着我们，成了我们学习的动力……”

年轻的马继兴总是不知疲倦、充满活力，教学同时，还担任了北京市高级卫生人员考试委员会中医师考试委员、高教部选拔留学生考试委员会委员、《中医杂志》编辑委员会委员；撰写完成了《解剖组织学》讲义（中医进修讲义）、《汉魏以前非医学文献中论医的研究》等书稿。

1954 年 10 月，在卫生部的领导下，以原在北京的 4 个医疗单位（中央卫生研究院中国医药研究所、卫生部直属北京中医进修学校、卫生部直属针灸疗法实验所和华北人民医院）为基础，组建了中医研究院筹备处。马继兴被调去参与中医研究院的筹备工作。筹备处的主要任务是集中全国的力量，共同研究发展中医，同时为中医研究班招收学员。筹备处同志到全国各地聘请学识渊博、经验丰富的老中医来院工作。经过一年努力，中医研究院于 1955 年 12 月在广安门内的北线阁胡同新址正式宣告成立。除院部的行政职能科室外，共设有内科研究所、外科研究所、中药研究所、针灸研究所、针刺疗法研究所、广安门医院、图书馆、编审室和医史研究室等科研与医疗单位。针灸研究所由北京中医进修学校和针灸疗法实验所合并而成，集中了一批知名的针灸专家，如郑毓琳、郑魁山、叶心清、高凤桐、孙振寰、赵尔康、王起山、郭效宗等；也有一批从事基础学科研究的骨干力量，如何宗禹、王本显、孟竞璧、章荣烈、杨友泌、曹庆淑等。所内设立了负责科研管理的学术秘书室，马继兴担任学术秘书。这时的马继兴，表现出无限的学术研究热情和创造力。1956 年 4 月，他完成了《人类催眠性抑止的理论与实践》一文；同年 12 月，完成了《中国本草学源流》初集书稿。同时，还承担了北京市汇通中医讲习所的教学任务。

安然处变　穷且益坚

1957年，正值学术研究的黄金时期，马继兴遭遇了人生和事业的晴天霹雳，他遭受了不公正待遇。

他先后被送到石景山钢铁厂和卫生部居庸关绿化大队劳动改造，后来又到北京市顺义县农村医疗队参加巡回医疗及劳动。

面对突如其来的打击，他最初也有过茫然、彷徨和绝望。妻子在这段岁月里给了马继兴很大的支持。自从嫁到马家，王瑞珍就安心地做起了家庭主妇。1949年中华人民共和国成立后，马继兴觉得妻子还年轻，希望她能继续上学，然后做一个光荣的劳动者。王瑞珍听从丈夫的建议，勇敢地走出自己的小家门，投入到社会的实践中，她的思想开阔了，生活充实了。当丈夫遭受不公正待遇时，她不离不弃，更加无微不至地照顾、安慰丈夫。虽然她不明白丈夫为什么会遭受这样的打击，但她坚信丈夫是个好人、是个有本事的人、是个了不起的人，也是她和女儿终身的依靠。所以她要保护好他、照顾好他。家是躲避风雨的港湾，在这里，马继兴能获得最珍贵、最让人温馨的理解和信任。

有了妻子的理解和支持，马继兴努力调整自己的心态，继续积极从事自己热爱的中医文献工作。白天不能干就在晚上干，单位不让干就在家里干。好在做文献工作不需要特殊的仪器设备，只要有书看就行。他反而觉得因祸得福，可以不用去参加政治学习、不用去搞运动，有更多的时间专心看书。看书的过程中，委屈、烦恼都已烟消云散；与古代医家的神交，令他愉悦满怀，乐在其中。他走入先秦两汉，和《黄帝内经》的诸多创作者黄帝、岐伯、雷公、伯高、少师、少俞、鬼臾区等一一"见面"、夜夜"促膝深谈"，于是有了《黄帝内经原文出处考校》书稿（1962年）的问世；他随着《黄帝内经》的发展历程进行了跨越古今的思维漫游，思维的翅膀让他穿越了唐宋元明清的时间隧道，于是有了《黄帝内经史》初稿（1964年）的问世；在攀登书山的路途中，他和古代医家交上了朋友，张文仲、陈延之、姚僧垣、崔知悌、陈廪丘、范东阳、释僧深、宋侠、初虞世等众多医家先后与他并肩前行，并将自己的医方亲手相赠，于是有了卷帙浩繁的《古佚医学丛书》（初集）（唐宋以前医籍）稿本的问世……读医书的过程中，马继兴体会到方法学的重要性：不掌握目录学、训诂学、音韵学等基本的知识、能力，往往事倍功半。经过刻苦钻研，马继兴在1962年编写完成《中医文献学基础》一书。

这部书从薄到厚，不断增补、修订，并被不断翻印、传抄，先后被中医研究院、上海中医学院（现上海中医药大学）及黑龙江、山东等地多个单位选为内部教材，影响广泛。很多人正是通过这本书籍了解到马继兴，并对他产生了崇敬之情。

1963 年 10 月，马继兴被调到中医研究院文献资料研究室（原编审室）工作。1966 年，他再次受到沉重的打击。失去理智的人们冲进他的办公室，甚至到他的住处抄家，把他花费多年心血才积累的研究素材统统抄走。20 世纪 70 年代初，他被下放到江西省永修县农村，在卫生部五七干校劳动。艰苦环境里，他随遇而安，尽管没有多少书籍，但永修这片土地上丰富的中草药，引起了马继兴更大的兴趣，成为他眼中更为深奥的一部天书。勤于学习的他，因地制宜地开始进行中草药研究，他还利用巡回医疗的机会向老乡学习，利用业余时间编写草药名录和植物检索表，并且给当地赤脚医生教授草药课……一切的不幸竟然成为马继兴日后从事本草文献研究的契机。

自助天助　机缘垂青

许多人哀怨命运之时，恰恰与眼前的机遇失之交臂。机遇只眷顾于那些做好准备的人们。逆境中不怨天尤人的马继兴，就是积极准备、耐心等待的有心人，而机会就真的被他牢牢把握住了。

1972 年，我国甘肃省武威市旱滩坡地带兴修水利工程，其间发现了一座东汉土圹墓，墓中出土了 92 枚医药简牍，被专家称为“武威汉代医简”，成为考古学、古文字学、历史学等众多领域新的研究热点。最为重要的是，这些简牍在研究我国古代医药学方面也具有十分珍贵的科学价值，涉及内科、外科、妇科、五官科、针灸等多个方面，内容极为丰富，尤其是医简中记载的方剂和药物更引起现代临床工作者的重视。1973 年 12 月，甘肃省博物馆等单位在《文物》杂志上发表了《武威旱滩坡汉墓发掘简报》。不久中医研究院医史文献室组织力量投入研究，马继兴被调回参加了这项研究工作。一年后，中医研究院医史文献研究室在《文物》1973 年 12 期上发表了研究论文《武威汉代医药简牍在医学史上的重要意义》。1975 年 10 月，《武威汉代医简》一书由文物出版社出版，这部集体编写的书中包含着马继兴的研究成果。

从此之后，中医相关出土文物的文献研究成为马继兴研究生涯的重要组成部分。从这时起，好运开始光顾马继兴了。

1972 年夏，湖南省军区医院在长沙东郊挖掘地下防空洞时，竟然意外发现了一个喷气、冒火的洞穴。经考古人员发掘，其中埋藏着数千件珍贵文物及一具完好无损的女尸——这就是震惊世界的马王堆汉墓。当马继兴在报纸上看到相关报道时，绝没有想到自己竟会与马王堆结下不解之缘。马王堆汉墓遗址位于长沙市东郊，距市中心4公里。因传为楚王马殷的墓地，故名马王堆。经考古发掘发现了三座汉墓，按照发现时间的先后分别命名为一、二、三号墓。其中二号墓的主人是汉初长沙丞相轪侯利苍，一号墓的主人是利苍妻，三号墓的主人是利苍之子。一号墓中出土了大量精美绝伦的文物，并保存有异常完好的女尸。女尸历经两千余年，仍然形体完整、全身润泽，部分关节可以活动，结缔组织尚有弹性，几乎与新鲜尸体相似。它既不同于木乃伊，又不同于尸蜡和泥炭鞣尸，而是一具特殊类型的尸体，这是防腐学上的奇迹。一时间，海内外学术界为之震惊。

马王堆汉墓出土的令人眼花缭乱的文物中，最吸引医学工作者眼球的莫过于三号墓出土的帛书和竹简了。帛书的内容涉及古代哲学、历史和科学技术等诸多方面，尤以医书最为珍异，是不可多得的历史文献资料。经整理，帛书共29件，其中医书便占5件；4种竹木简，全部是医书。帛书、木简的整理研究工作甚为繁难。帛书残碎最为严重，且文字释读疑难重重，有些地方还漫漶不清，拼复它们非常人所能胜任；竹木简虽保存完好，但排比连缀也绝非简单之事……诸多问题涉及学术高端知识。为整理这批帛书和木简，1974年国家文物局组织部分学者成立马王堆汉墓帛书整理小组，因为涉及医学内容，马王堆帛书整理小组向中医研究院求援。医史文献室马上派人前往，但因工作不得要领而被撤回，换由熟悉中医古籍文献的马继兴代替。马继兴以精通业务、胆大心细受到了文物专家们的赞赏，彼此的合作很愉快。马继兴和著名学者李学勤、周世荣成为好友。据组长李学勤回忆，参加医书整理的学者先后有好几位，马继兴是属于“历时最久、始终其事”

的一位。大家一起探索、研究，先后出版了《（马王堆出土医书）五十二病方》、《马王堆出土帛画导引图》（彩色挂图及论文集）、《马王堆汉墓帛书》（第四集）等书，随后又发表10余篇研究论文。随着研究工作的深入，马继兴愈发觉得马王堆出土医书之珍贵异常及文辞古奥，认为如果不做系统全面的考证、注释、语译，很难被医学工作者所接受，也难以被世界上更多的研究者认识、理解。凭借自己在医学文献方面的深厚功底，历经约20年时间，遍检医籍和文史典籍，马继兴撰写完成了近百万字的《马王堆古医书考释》一书，此项研究成果获得了国家自然科学基金的资助，并于1992年由湖南科学技术出版社出版。

此后，马继兴不断地接触到医学出土文物，曾先后对敦煌、居延、吐鲁番等处发掘的卷子、简牍、医学文书，武威、马王堆、云梦、双古堆、张家山等地出土的大批竹、帛医学典籍等进行过深入研究。这些研究与他在六七十年代积累下的研究基础与职业兴趣都有着密切的关联。

1984 年，中医研究院党委恢复了马继兴的名誉和待遇。不经历严冬的寒冷怎能感受春天的可贵，没有经历过烈日的煎熬怎能体味雨露的甘甜！多年来，马继兴苦苦地盼着，从 1957 年到 1984 年，整整 27 年，人生能有多少个 27 年啊！从 33 岁到 60 岁，从年富力强到年近耳顺，他经受了多么沉重的、旁人难以想象的精神压力！如今，所有不公正的待遇都得到了更正，科研环境空前的宽松，马继兴仿佛一下子年轻了。从他虽然木讷的言谈，但却炯炯有神的目光中，人们感受到了他较之以前更加欣欣向荣的活力，他在寻找失去的年华，他要把 20 多年损失掉的光阴追回来。

中医研究院的领导和同志们被他在逆境中坚强不屈、在医学古籍的书海中孤独守望的精神所感动，为他在学科领域内达到的高度所折服，对他甚感钦佩和尊敬。1980年他被评为中医研究院文献资料研究室副研究员，1982年被评为研究员，同年被聘为中医研究院第二届学术委员会委员，还担任了新成立的中国医史文献研究所副所长。1983年又被聘为中医研究院学位评定委员会委员。1992年被聘为中国中医研究院专家咨询委员会委员，中国中医研究院首批博士研究生导师，还兼任中国中医研究院基础理论研究所学术顾问、中国中医研究院图书馆名誉馆员、中国中医研究院研究生部客座教授。同时，院外的一些中医院校也仰慕他的名望，聘请他担任客座教授、顾问等，如北京中医药大学客座教授、北京联合大学中医药学院顾问、张仲景国医大学名誉教授、北京中医药发展基金会顾问等。

在社会活动中，马继兴也恢复了年轻时的活力。1978年，马继兴当选为北京市中医学会常务理事、基础理论委员会主任委员。1983 年 9 月，他和一批志同道合的专家学者谢宗万、谢海洲、朱晟、宋之琪、谢惠民等发起成立了中国药学会药学史分科学会，并担任第一届委员会副主任委员，后于 1989 年第二届委员会上当选为主任委员，后又任名誉主任委员。1988 年在中国药学会第十八届全国会员代表大会上当选为理事及常务理事。1994 年 10 月，中国中医药学会文献分会成立，他被推选为首届主任委员。事业发展顺利，荣誉接踵而来，然而他都泰然处之，继续专心做自己的学问。

随着研究成果的不断推出，马继兴的学术声誉日益扩大，不仅享誉所内、院内、国内，也远播海外。1981 年，因参与国家中美科技协作项目，马继兴接受美国国家医学图书馆之邀请进行了为期半年的访问，对该馆所藏全部中医古籍版本进行鉴定，并撰写成考证文字，由同行的翻译史继昭译成英文。1984 年，日本北里研究所附属东洋医学综合研究所所长矢数道明来北京，与马继兴进行了学术交流。同年9月应日本医史学会之邀，又赴日本京都参加学术会议并作学术报告，后多次与日本学者进行学术交流。1986年7月被日本北里研究所附属东洋医学综合研究所聘为客座研究员，同年12月应邀赴日本东京进行研究及作学术报告。1992年3月应日本汉方医学会邀请，赴日本参加“首届日本针灸临床文献学会”作学术报告。1993年3月应日本针灸文献学会之邀，赴日本第一届针灸文献学术会议作学术报告。1997年3月，由马继兴担任课题顾问的“日本现存中国散逸古医籍的研究与整理”课题被列为国家中医药管理局重点课题，并在此后数年先后得到日本国际交流基金会亚洲中心及科技部的立项与资助。1999年7月，法国国立第十三大学波比尼医学院为马继兴颁发中医文凭教育名誉教授聘书。此外马继兴与香港、台湾地区的学者也进行过学术交流。1996 年 3 月赴台湾讲学，1999 年 7 月应香港中文大学之邀，赴该校讲学。

苦心孤诣　创新学科

与其他古代文献不同，中医文献至今仍在指导着中医的临床、教学，也深深影响着中医科研。今人如何能理解质朴古奥的医书？如何从浩如烟海的古籍中寻觅所需要的内容？如何去辨别学术传承？如何去解析经验真伪优劣？这往往就需要当代中医文献工作者的力量，借助他们的工作使临床、教学和科研一线人员能够顺利解读古文献的精华，去其糟粕，去粗取精，去伪存真，由此及彼，由表及里，为当代社会服务。

那么中医文献工作者应该如何工作？中医文献包括哪些内容？中医文献有怎样的源流？

中医文献的版本如何？中医文献的编写体例怎样？如何去阅读、校勘、辑佚、搜集？怎样整理和利用？这一系列的问题对于专业从事中医文献研究的工作人员而言，是必须掌握的，对于需要学习和使用中医古籍的人员而言是应该了解的。可是以前没有这方面的书籍，初学者缺乏入门的向导。马继兴本人在工作中就深切体会到系统的目录学、文献学和训诂学等知识对于中医文献工作的重要性。

1971 年，刚从江西卫生部干校回京的马继兴和刘寿山聊天。刘寿山曾在中医研究院工作，后下放到陕西。他们谈及历代中医药学者、文史工作者，认为前人虽然在中医文献研究方面做过很多工作，也积累了不少经验，却大都是发表一些散在的零星文章，缺少系统归纳的专著。刘寿山建议由马继兴讲课，让西北地区的中医院校派人到北京学习进修。由于当时条件所限，刘寿山的这一建议没能实现，但却点燃起马继兴的创作欲望，他马上着手编纂。要把这些经验与理论系统地总结出来，不是一件简单的事情，马继兴抓紧业余时间整理了大量的科研素材，将自己过去从事这一专业的经验体会进行全面总结，终于完成了《中医文献学基础》的初稿。中国共产党的十一届三中全会以后，各项工作也走上正轨，这部凝聚了马继兴半生心血的初稿在1978年至1982年间3次在中医研究院中国医史文献研究所、黑龙江祖国医药研究所和上海中医学院内部油印，作为培训中医药研究人员的教材使用。此后，马继兴根据研究工作的进展，又收集了更多的资料，于是在油印稿基础上对书稿进行了大幅度调整，重新对体例进行了布局安排，补充了新的内容，定名为《中医文献学》，1990年由上海科学技术出版社正式出版。该书的问世，不仅仅是一部书的出版，更是一个古老学科的重生。千百年来中医学前辈开创发展的这一学科，经马继兴之手而成为系统的现代学科体系，逐渐被各个中医药院校设置为本科生、硕士研究生和博士研究生课程。

《中医文献学》全书 86 万字，分为中医文献范畴论、中医文献源流论、中医文献结构论、中医文献方法论四篇。全书系统阐述了中医文献学研究的范畴、研究对象与任务、研究方法等一系列理论问题，同时介绍本学科研究必备的基本知识、作者在研究领域取得的部分研究成果，是有史以来第一部中医文献学专著。

中医文献范畴论，也就是“中医目录学”，主要是把中医文献放进整个中医传统文化的大背景之中，使读者认清中医文献的地位、性质和作用，掌握各种古医书的出处、分类法、名称及主要内容。其中，古医书不仅包括有书目记载的、现行流传的古医籍，还包括古代目录学著作未收载的如简册类、帛书类、卷子类、刻石类等大量古医籍。另外还介绍了寻找亡佚古医书的方法。这一章将中医文献的研究领域大大拓展，为读者提供了系统完整的中医文献概貌及研究的入门阶梯。

中医文献源流论，也就是“中医文献史”。它不是用静止的、孤立的、片面的眼光对待中医古籍，而是以动态发展的、联系的、全面的视角看待中医古籍，论述了《黄帝内经》、《难经》、《伤寒杂病论》、《神农本草经》等经典古医籍版本的起源、发展流传及派生衍化过程。同时对藏象、病理、诊法著作及医学方书、临床各科医书、本草学著作、针灸学著作与出土古医书等各类古医籍的版本流传衍变过程做了阐述。对古医书的存佚、缺损、改易、变动等现象和文献价值也做了阐述。例如本草学著作，马继兴以时代与学术特征为切入点，分别就先秦时代、汉魏六朝、唐代、宋代、金元、明清各个时期的主要本草著作进行了条分缕析的爬梳整理，在先秦时代从本草著作的出现引出

《神农本草经》，在对该书的成书与编写过程进行探索后，又对其在各个时代的流传和影响进行论述，同时还引述了先秦曾经出现后又亡佚的本草《子仪本草》、《神农黄帝食禁》、《药论》、《药法》、《胎胪药录》及吴普所引七家本草等等，对文献可谓竭泽而渔，于传承堪称脉络显明。资料虽充实却不堆砌，往往抓住时代显著特征，详以主流本草，略于末端枝蔓。在唐代以《新修本草》为主，在宋代以《经史证类备急本草》（简称《证类本草》）为主，在明清则以《本草纲目》为主。与此同时，对于具有创新色彩、形成一定趋势的金元时期的药性理论著作、食疗及救荒本草也进行了浓墨重彩的记述。其他像记述中草药新品种的著作、侧重药性理论的著作、普及的本草类著作、药学工具书类著作等，有特色却未形成趋势，则进行白描式的记述。从中可以看出，马继兴对于众多的古医籍了如指掌。通过他的梳理，后人能够清晰地了解中医古文献之来龙去脉。

中医文献结构论，也就是“中医版本学”。在纸张发明之前，文献多记录在缣帛、简牍之上，纸张运用到书写之后产生了卷轴。印刷术发明后，木版印刷书籍迅速传播开来，近千年来，古代中医书籍多为木版印刷。本篇论述了古文献载体的外形、形制及不同时期的特点，以便于正确使用中医文献。除了版本之外，在本论中还详细剖析了古代中医文献的编写体例问题。当今许多人读不懂古书，除文字的障碍外，古书的体例也是一个“拦路虎”。以《证类本草》为例，该书是北宋蜀医唐慎微所撰。李约瑟博士在《中国科学技术史总论》中，曾称赞该书“某些版本要比 15 和 16 世纪早期欧洲的植物学著作高明得多”，作为北宋本草的杰出代表，“达到了空前未有的高水平”。唐慎微医德高尚，不论寒暑风雪，富人穷人，有求必应。他治病有一奇怪之处，“为士人疗病，不取一钱，但以名方秘录为请”。因此，士人每于经史书中得一药一方，必录以告。因此他能编出科学史上的名著《证类本草》。此书共32卷，60余万字，是我国宋代以前本草集大成之作。问世后，历朝修刊，并数次作为国家法定本草颁行，沿用500多年。《证类本草》除广泛搜集了古代的经史、笔记和文集等有关药物的记载，主体是引用《神农本草经》、《本草经集注》、《新修本草》、《开宝本草》、《嘉祐本草》等历代本草，书中的核心部分是《神农本草经》，再外一层是《名医别录》，然后是《本草经集注》、《新修本草》、《开宝新详定本草》、《开宝重修本草》、《嘉祐本草》，同时还有《蜀本草》、《日华子本草》、《本草别说》、《雷公炮炙论》等等，还有后人加入的《本草衍义》等，就像滚雪球一样，一层层包裹，越来越多，中间还有错综之处，唐慎微用严格的标记形式把宋以前主要本草著作保存下来。因为该书有自己的标识体例，如果不熟悉这些标识，就无法读懂这样一部珍贵的古书。马继兴在论中不厌其烦地将书中错综的内容一层层耐心地剥离开：黑底白大字是《神农本草经》文，黑色大字是《名医别录》、《新修本草》、《开宝本草》、《嘉祐本草》等新增药物文及《嘉祐本草》重新调整并增补的大字，《证类本草》新增药物文，附于各卷卷尾的黑大字文，等等；双行小字注文又分为无标题注文、黑底白小字标题的小字注文和黑大标题的小字注文，等等，其他附见药物、续注药物、今移药物、《本经》外类及“有名未用”类药物、前代本草学佚文补遗续注等还有不同的体例，其他还有5种《图经》余、唐本余、食疗余、陈藏器余、《海药》余的“余”书体例。经过抽丝剥茧般的提示，人们才能从《证类本草》中阅读出众多古人的著作，了解古代本草的结构特征。

中医文献方法论，也就是“中医文献研究

法”。本篇从文字角度，阐述古代文献研究方法。训诂与校勘是研究古文献文字的常用方法。马继兴在继承以往研究成果的基础上，应用训诂与校勘，解决了中医古代文献中诸多文字疑难悬案。此书还专门谈到古医学文献资料的收集，这是古医籍研究的基本功，也是研究成功的必备手段之一。马继兴积数十年研究实践，总结出一整套研究方法，成为现代学者研究古代中医文献的基本原则与常用方法。

从《中医文献学》中可以看出马继兴掌握的原始资料之广博。有人曾试图对其所引古书进行统计，终因数量之多而罢手。书中所论文献绝大多数为其亲见，极少数未见文献也附有详细说明。如《脉经》本注有：“明代晚期以后的刊本，由于著者尚未及核查其原书，故其版本系统究属何本（何大任刊本）或龙本（龙兴道刊本）未详……暂列出其书目供参考。”从书中还可看出马继兴一丝不苟的严谨态度，他不轻言古籍“亡佚”，他认为：“从事古代医学史的研究工作绝不能由于这些大批医书的散亡而置若罔闻……在其基础上却为发展下一代医学创造了先决的重要条件，因而也就必然在其下一代的有关医籍中或多或少地反映出来。”他非常重视书籍的佚存，每提及一种书籍均标明其佚存情况。若已散佚，则标明何时亡佚，甚至考证出部分佚文，使后学得以管窥蠡测。马继兴的《中医文献学》几乎涵盖了中医文献学科的各个方面，而每一个方面几乎都有马继兴个人经验体会的总结。由于这是第一部总结历代中医文献理论的专著，其地位可想而知。该书问世以来，很多中医古代文献研究人员都以它为入门宝鉴，最终登堂入室。此书一经出版，对新兴的中医古代文献研究起到了积极的推动作用，全国各地的学者乃至海外学者都大为赞赏，学术影响力非常之大。1991 年至 1999 年，此书分别获得首届全国优秀医史文献图书及医学工具书金奖、第六届全国优秀科技图书一等奖、中国中医研究院与中国中医研究院中国医史文献研究所科技进步一等奖、北京市科技进步二等奖。

本草针灸　双管齐下

在中医文献学中，马继兴最钟爱的是本草和针灸两个学科。

20世纪70年代，马继兴在江西五七干校时，曾对当地中草药进行过研究。其实早在1955年，他就曾在《中华医史杂志》第二期发表题为《在我国历史上最早的一部药典学著作——唐〈新修本草〉》的论文。当时还没有《新修本草》辑佚本，马继兴却已根据文献对《新修本草》原文的情况进行了梳理。他根据《旧唐书》、《新唐书》及日本古文献《日本国见在书目》等及其他相关资料所载，进行探索分析，指出《新修本草》有《新修本草》药物二十卷及目录一卷，《新修本草》药图二十五卷及目录一卷，《新修本草》图经七卷，共计五十四卷。又对当时已经发现的《新修本草》残卷进行分析，认为有日本聿修堂藏《唐本草》卷子残本、英国皇家博物院藏中国敦煌《唐本草》卷子残片二片、法国巴黎图书馆藏敦煌出土《唐本草》残本、日本仁和寺藏《唐本草》卷子残本、日本尾张德川黎明会藏《唐本草》卷子残本一卷、清人傅云龙影印日本影抄《唐本草》卷子本共十一卷。还指出在现存文献中保留《新修本草》大量内容的有唐孙思邈《千金翼方》卷一（药名第二）、日本丹波康赖《医心方》、宋唐慎微著《经史证类备急本草》以及明代的《本草纲目》和日本的《和名本草》。这些见解对《新修本草》的辑佚极有参考价值。同年马继兴还针对上一年洪贯之和王筠默有关本草史的文章进行过讨论，撰写了《关于〈证类本草〉的一些问题的商榷》一文，就《证类本草》的成书年代、所加陈承著作的内容、所加《本草衍义》的内容、《证类本草》后世刊本、《新编类要图经本草》的刊本等一系列问题展开了讨论。1956年，他还编写完成了《中国本草学源流》的初稿。

1982年，根据中共中央与国务院关于加强古籍整理的指示精神，卫生部制定了《中医古籍整理出版规划》。1983年3月，卫生部《关于落实〈伤寒论〉等六本经典著作整理任务的通知》中，将《伤寒论》、《神农本草经》、《针灸甲乙经》、《诸病源候论》、《金匮要略》、《中藏经》6种书列为第一批重点整理的书目。其中《伤寒论》由北京中医学院（现北京中医药大学）任应秋、刘渡舟任主编，《神农本草经》由中医研究院马继兴、谢海洲和尚志钧任主编，《针灸甲乙经》由山东中医学院（现山东中医药大学）张灿玾任主编，《诸病源候论》由南京中医学院（现南京中医药大学）丁光迪任主编，

《金匮要略》由浙江中医学院（现浙江中医药大学）何任任主编，《中藏经》由湖南省中医研究所李聪甫任主编。同年 4 月，卫生部中医司在沈阳召开了中医古籍整理出版座谈会。会议主要任务是落实 1982 年至 1990 年中医古籍整理出版规划中第一批古籍的整理出版任务，提出 12 种古医籍是本次整理研究的重点课题，在原 6 种古医籍的基础上，增加了 6 种，其中马继兴主要负责主持的古籍整理项目是《神农本草经》。

《神农本草经》是我国中药学的经典著作，是本草学发展之源，对后世医药学有着毋庸置疑的重要作用。与其他经典著作不同的是，《神农本草经》原书早佚，明清时代才出现数种辑佚本。马继兴首先制订了工作方案，认为第一件事情就是原书的辑佚工作，应该首先从已知传世的各种早期古籍中搜集、分析、编排第一手佚文资料，并将原书及汉魏以前的古注加以辑复；其次将辑复后的《神农本草经》及其古注进行校注、考证和按语。在这一方案下，课题组搜集了155种古代本草文献和非本草文献记载中有关《神农本草经》佚文和古注的资料。经过反复研究、勘比，最后确定的佚文可信度高，校注确当，学术观点深刻，比之诸家辑本均有超越之处。在辑复的基础上，马继兴又领导了第二步工作，即所谓“研究”工作，对辑复《神农本草经》的研究思路和辑注方法等有关问题进行详尽的论述，对《神农本草经》及其流传做了23个专题研究，内容涉及《神农本草经》药数与药名确定、《神农本草经》药物变动与辑复要求、《神农本草经》三品药物考差异、古本草序录《七情表》所载《神农本草经》佚文考、记述《神农本草经》药物各种项目及其辑复要求、古本草序录《诸病通用药》所载《神农本草经》佚文考、《神农本草经》药物毒性考、厘定《神农本草经》三品药目原则与要求、在传世古本草基础上《神农本草经》三品药目的辑复、新辑《神农本草经》药物的依据及目录、收载《神农本草经》佚文的药典性本草学古籍考、传世非药典性本草学古籍所载《神农本草经》古本佚文考、《吴普本草》所引《神农本草经》古本的考察、《李当之药录》辑注《神农本草经》古本的考察、《神农本草经》诸辑本所辑《神农本草经》佚文考、《神农本草经》诸辑注本所辑佚文考、《神农本草经》佚文古字考、《神农本草经》所记古国名与地名考、《太平御览》引用《神农本草经》佚文的价值、《神农本草经》古本佚文信实程度的评估、《神农本草经》书名和卷数的确定、辑复《神农本草经》首要解决的课题、辑复《神农本草经》原书的步骤。

由于课题的重要性和本身的高难度，研究者必须具有很高的学术水平。马继兴不仅领导大局，而且事必躬亲，一丝不苟，经过整整10

年的艰苦研究，终于功德圆满，课题成果集结成《神农本草经辑注》一书，于1993年由人民卫生出版社出版。10年的课题研究，凝结了马继兴在文献研究领域数十年的心血。《神农本草经辑注》不仅集前人研究《神农本草经》之大成，而且取得了众多崭新的成果，代表了当代《神农本草经》研究的领先水平，得到了中医界及科技界人士的高度评价。《神农本草经辑注》与这一课题有关研究成果分别获得中国医史文献研究所、中国中医研究院、国家中医药管理局中医药科技进步一等奖，立夫医药研究优秀著作奖，广州仲景中药杰出成果奖，科技部"国家科技进步三等奖"。

有人曾戏说，今人都知道马继兴是本草大家，却不知道他的"童子功"其实是针灸。1993年，马继兴的《针灸铜人与铜人穴法》由中国中医药出版社出版发行，大多数不知内情的人都以为这是马继兴的神来之笔，而个中艰辛又有谁人知晓！

其实，马继兴早年在华北国医学院学习时兴趣所在本是针灸。1952年马继兴主持编绘的《针灸治疗刺激点解剖位置参考图》（3幅），是1949年后出版的最早的针灸教学参考图之一。针灸是我国古代医者发明的一种治疗方法，为了更好地进行针灸教学，古人发明了一种精巧的教具——针灸铜人。宋代天圣五年（1027年），尚药奉御王惟一成功制作了两具与真人大小相同的铜人，作为教学考试工具。针灸铜人自其铸制完成后，一直受到历朝政府的重视和尊崇，它们被放置于太医院或寺庙，具有很高的价值。20世纪40年代起，马继兴就对针灸铜人的研究产生了兴趣。

1955年，马继兴进入中医研究院针灸研究所工作。其后他对针灸史的研究，得到了院领导的支持，经中医研究院向有关部门申请，借出众多国宝级文物进行研究。他先后研究过北京故宫博物院珍藏的嘉靖针灸铜人、南京博物院的复制正统铜人及北京同仁堂药铺、上海达仁堂药铺、济南宏仁堂药铺、河北省中医研究院等单位的多具古针灸铜人，并延请北京雍和宫制作佛像的工匠师傅对其中几个铜人进行了复制。经多次调查、测定和考证，他撰写完成《针灸铜人的研究》初稿。

此后，《针灸铜人与铜人穴法》的编写断断续续经历了 30 余年的时光，3 次被迫中断：初稿完成后马继兴于 1957 年受到不公正待遇，研究中断；60 年代初期，马继兴回到针灸所，再度对针灸铜人进行研究，深入搜集资料，先后从各地借来多种针灸铜人，还举办了小型的针灸铜人展览会，征求意见，进一步修订书稿，并由人民卫生出版社列入出版计划，但 1966 年工作又被迫中断；70 年代后期，马继兴根据陆续收集到的各种针灸铜人资料重新修订书稿，期间他还应邀参加了南京医学院仿制宋天圣针灸铜人的审查工作，后因其他科研工作的需要，又被迫停止。80 年代后期，马继兴又收集到了许多新的素材，并接受河南省开封市卫生局及中医学会的聘请，参加当地主持的宋天圣针灸铜人复制论证工作，为他们提供了许多资料。这段时间马继兴对书稿进行了第四次修订。1991 年，该书由中国中医药出版社出版。

《针灸铜人与铜人穴法》共 26.4 万字，对宋以后不同时期针灸铜人及其木制者、铜人经、铜人图、铜人穴法等进行了全面深入的研究。针灸铜人、铜人经、铜人图历经千年流传至今，早已发生复杂的演变，马继兴在此书中采用大量的文献依据，将其一一梳理清晰。经过严谨考证，确定宋天圣铜人是世界上最早的针灸铜人，在国内经宋、元、明三个朝代流传之后，因战乱而流落于朝鲜，后传至日本，至今仍保存于日本。明正统年间曾因宋天圣铜人昏暗生锈，朝廷命太医再度重铸铜人，称为正统铜人，于1900年八国联军入侵时被俄国掠去，至今未归。清光绪年间，医官曾再铸铜人，系仿制正统铜人而成，藏于北京至今。负责主持宋天圣铜人铸造工程的医官王惟一，为创制针灸铜人曾撰写《铜人腧穴针灸图经》。此书原有木刻与石刻两种，木刻本已佚，后世所传为宋代重刊本的翻刻本、补注本等。石刻于明代以后亦已失传，其拓本也未见行世，现存者仅残石与拓片。王惟一撰写《铜人腧穴针灸图经》时，配合天圣铜人绘制了十二经脉和督、任二脉十四幅经脉经穴图，《铜人图》后经改绘流传下来。正统铜人也有相应的绘图，名为《铜人明堂图》。此外，还有其他的铜人图流传于世。马继兴的《针灸铜人与铜人穴法》还考证了铜人穴法的规律与特点、经穴位置的变迁与确切的部位，形成了一整套较为全面的铜人腧穴数据。马继兴此书的出版，增进了人们对针灸铜人的认识，是针灸领域难得的科研成果。

抢救亡佚　鉴识文物

近百年来考古学发展迅速，大批与中医学相关的出土文物如甲骨、金文、帛简、器皿和遗迹等，对于研究中国医学的起源和发展有着重要意义，可以印证历史，更可以刊误补阙。自 20 世纪 70 年代，马继兴即亲自参与了医学文物的研究，先后考察研究了甘肃武威、湖北云梦、四川绵阳、河北藁城、内蒙古黑城遗址及新疆（吐蕃、古楼兰、和阗、麻札塔格、吐谷浑……）等地的医药文物，撰写发表了一系列学术论文。1993～1998 年，他主持完成中国社会科学院基金重点课题“发掘出土亡佚医药典籍文物的研究”，对建国 50 年以来全国各地出土的医药文献进行了整理研究，形成了论文论著，于2005年由中医古籍出版社出版。

一、敦煌古医学卷子研究

1900年，在甘肃敦煌千佛洞莫高窟藏经洞里，发现了一大批卷子书籍，约写于隋唐前后，绝大部分内容为佛经，此外还有不少史籍、方志、杂家、书契、语言、文化、艺术、科技等杂著，其中也有不少医学残卷。这一发现并未受到当时清政府的足够重视，但却吸引了国外的盗匪，英、法、日、德、俄等国掠走了大量卷子，致使中国古人的宝贵遗产流落异国他乡。敦煌藏经卷中的医书，于历代出土医籍中规模最大、数量最多，约有百余种，其中《张仲景五脏论》、《平脉略例》、《本草经集注》、《食疗本草》、《新修本草》等皆为未见传世或流传甚少的珍品。数十年之后，这批卷子的真迹经由海外学者稍作整理，陆续公诸于世。马继兴偶然间从刊物上发现了这些资料，甚为珍视，遂悉心收集。从 20 世纪 60 年代至 90 年代，他投入大量精力与时间多方查寻资料，并制印胶片，开始着手研究。

1988 年，他主编的《敦煌古医籍考释》一书由江西科学技术出版社出版，这是我国中医文献领域第一部全面系统整理研究敦煌古医籍的学术专著。全书将收载的敦煌卷子古医书分成医经、五脏论、诊法、伤寒论、佛家、道家、医方和医史资料类等 11 类，每类下为各种书籍，每种均依书名、提要、原文、校注、按语、备考 6 项来论述。该书内容广泛，材料翔实，考证精详，是国内外从事古代医药文献研究的学者不可多得的参考书。1998 年，由马继兴主编的另一部研究敦煌医籍的力作《敦煌医药文献辑校》由江苏古籍出版社出版。全书收录敦煌医药卷子 84 种，除大英图书馆、法国巴黎国立图书馆、日本龙谷大学所藏部分卷子外，还有国内李盛铎旧藏和张偓南旧藏，后又以补录形式收录了藏于俄罗斯亚洲博物馆的4种医药卷子。

这两部研究敦煌医籍的学术专著是最早的全面系统研究敦煌出土医籍的科研成果，几乎将相关文献收集殆尽。马继兴在充足资料的基础上，旁征博引，深入研究，以其深厚的文献功底，对出土医籍之卷、篇、段、字进行细致详尽的校勘、注释，使之成为现代人能够通读的医学文献。从流落海外到以新的面貌呈现给读者，敦煌卷子最终以复制研究的形式回到国内。面对失而复得的百余种医学卷子，马继兴感慨万分：在腐败的清政府统治下，勿说抵御外敌，连无辜的医学文献都要流落他乡；只有国家强大，各项事业才能兴盛，国人才能保护好祖先的遗物。敦煌医学卷子是极其珍贵的古代医学文献资料，马继兴研究成果的学术价值令人瞩目。《敦煌古医籍考释》获得1989年华东地区科技出版社优秀科技图书一等奖、首届全国科技优秀图书一等奖、1992 年国家新闻出版署首届古籍整理图书二等奖。《敦煌医药文献辑校》获 1999 年国家新闻出版署国家图书奖。

二、马王堆古医书考释研究

1974 年马王堆汉墓帛书整理小组的工作结束后，马继兴开展了“马王堆汉墓出土古医书的考证研究”，得到了自然科学基金的资助，其研究成果汇集成《马王堆古医书考释》一书，1992 年由湖南科学技术出版社出版。全书包括三部分内容：第一部分为“导论”，将马王堆医书出土的概况、整理研究工作、内容特点、时代考证和学术成就做了综合性的介绍和评述。第二部分为“专论”，这是一组深入研究马王堆医书某些重要专题的论文。第三部分为“古医书考释”，这是对马王堆出土的 14 种古医书的考释。本书完成了五个方面的工作：

第一是对历史文献的修复与复原。马王堆出土医书距今已两千年以上，出土后破损之处甚多，其中有不少零碎残片虽经整理小组修复，但仍有需要重新研究与修正之处，有些释文囿于当时的条件而有不当之处，亦应予以进一步订正。医书中存在大量古代通假及俗讹文字，特别是通假字的字形与后世通行字大都形同而音义迥异，必须通过古音韵学原理及有关佐证考出正字。凡此之类，本书逐一校验，注明原委，直接释出，以还本貌，便于阅读。如《却谷食气》考释中第五条论述“朝霞”等六气之名，原文中只残存“朝霞”一名，马继兴则根据本书内证，结合先秦传世古籍的旁证，补入了“输阳”、“匡光”、“沆瀣”三气之名，并对其他二气不能确考补入者，也在“校注”中提出了自己的倾向性意见，认为是“辅阳”、“正阳”二气。通观《考释》，类此者甚多。

第二是医籍原文的注释与串讲。出土的古医籍有大量与后世同文异义或同文多义的字和词，必须利用训诂学方法逐字逐词地详考其各种出处渊源，特别是更多借助于传世或出土的汉唐以前古籍原文与训解，参考前人研究汉学的成果，反复印证与对比，从而得出客观公允的结论。为了使读者充分了解出土古医书的全部内容，本书在古医籍原文各条之下力求译出完整确切的现代语言。如《五十二病方》第三十六条有“饮小童溺，若产齐赤”一句，使人费解。何谓“产齐赤”?马继兴通过认真的考证研究，认为“产齐赤”是“生荠尺”之假。“生荠”即指新鲜的荠菜，“尺”为量词，是古代药量的一种长度标准，古籍多用之。这样的解释不仅符合音韵学训释规律，也符合中医学理论，令人豁然明了。其他如训“者”为“痔”、训“星”为“泻”、训“骀”为“子”、训“糜”为“眉”等，皆令人称叹。

第三是学术成就的总结与论证。出土医书的学术成就在各医籍“按语”专项中加以归纳评述，同时在本书“导论”和“专论”篇中展开研讨与考证。我国古代医学有大量的发明创造属于世界之最，但很多都湮没无彰。本书通过正确释文，以及文献、文物的多方面探讨考证，充分论述医药学宝藏。如指出当时处于世界领先水平的中国古代药物学成就和经络学说的形成与发现等，使很多埋没千年之久的具有重要学术价值的医学理论与实践经验得以重见天日，再现光辉。在马王堆帛书中，马继兴还考察出《黄帝内经》的理论源泉。

第四是珍稀典籍的弥补与校正。鉴于马王堆古医书的某些原文与传世古典医籍有很多相同或近似之处，故可资相互校勘。如《黄帝内经》的《素问·三部九候论》与《灵枢·经脉》，它们可与出土古医书互为校补。此外，出土古医书之间还可互为校补。如《阴阳十一脉灸经》甲本和乙本的互校；江陵张家山汉墓出土的《阴阳十一脉灸经》丙本、《脉法》乙本及《阴阳脉死候》乙本与马王堆同名医书的对校；

马王堆医书所引录的近似古佚文之间的互校。

第五是学术源流的阐明。通过对马王堆出土古医书原文的注释与考证，发现了早期医药史料的许多文字记载信息，它们成为深入考察中国医药学各学科发展源流的重要依据。如《足臂十一脉灸经》和《阴阳十一脉灸经》均早于《灵枢·经脉》篇的事实已得到学术界的普遍认同，人们对于经络学说的早期形成过程有了更明确客观的认识。除此之外，其文化意义更是远远超出医学领域，这些文献资料也是古代生物学、古代性学、人类学、民俗学的渊薮，其整理研究将为揭示早期中华文明的形成提供有益借鉴。

《马王堆古医书考释》从宏观角度结合墓葬时代背景及当时社会科技发展状况，以及帛书形制、内容与文字特点，考证确定帛书、竹木简抄写年代和它们的著作年代，阐述分析了汉墓医书的历史意义与学术价值、汉墓医书的药物学成就、两种《十一脉灸经》与经络学说的渊源关系，并介绍了《脉法》中古佚诊法及《却谷食气》与《十问》的呼吸养生法。从微观角度具体考释了十四种汉墓古医书：《足臂十一脉灸经》、《阴阳十一脉灸经》、《脉法》、《阴阳脉死候》、《五十二病方》、《养生方》、《杂疗方》、《胎产书》、《却谷食气》、《导引图》、《十问》、《合阴阳》、《杂禁方》、《天下至道谈》。并精细地修复了残文断句，订正了最初欠妥的释文，依据古音韵学知识还原了原文本字，包括通借字 896 个，字形差异字 328 个。针对每段原文，进行语释、校注，并加按语，使古奥艰涩难懂的远古医籍成为今人可通读的医学文献。

著名考古学家李学勤在该书的《序言》中说："我诚恳地向读者推荐《考释》这部书。我认为，有兴趣于中医文献和科技史的读者固然应读此书，从事文字训诂的读者，从事古籍整理的读者，也应读此书。中医是我国传统文化的一个重要组成部分，是我们的前人遗留下来的一份珍贵遗产，马王堆医书的出现更是今人难得的眼福。《考释》已把这些医书的奥蕴抉发出来，值得所有关心祖国历史文化的读者一阅。从这一点来说，我们大家都要对《考释》的著者表示感谢。”马王堆汉墓出土古医书的考证研究课题1990年获中国中医研究院科研成果奖。《马王堆古医书考释》出版后得到相关学术界的高度关注，1993年获第二届湖南省优秀科技图书一等奖，1995年获国家中医药管理局中医药基础研究著作类一等奖。

三、出土亡佚古医书研究

岁月之河的流淌冲刷，悄然改变着历史的痕迹。幸好有文物可以讲述曾经的故事。数千年的中国医药学不断发展变化，其间丰富的医药文化资源，只有极少数能够被辗转保存下来。幸运的是还有一些古代医药文物通过近代考古发掘，被我们所认识。

马继兴从 20 世纪 70 年代起，已经对出土医学文物和亡佚古医书产生了浓厚的兴趣，作为有心人，他持之以恒地广泛考察、收集国内外的出土文物及相关资料。1978 年，他与文物专家周世荣合写《考古发掘中所见砭石的初步探讨》一文，发表在第二期的《文物》杂志上，指出古代的医疗工具砭石、具有多种不同的功能，有可用于熨法的火热砭石、有可供按摩用的砭石、有可供按摩用类似“员针”的砭石、有可供切割用的锛状砭石、有可供切割用的刀状砭石、有可供刺破表皮用的镞状砭石、有可供叩击用的棒状砭石等。

1993～1998 年，马继兴主持承担了中国社会科学院基金重点课题“发掘出土亡佚医药典籍文物的研究”，课题成果于 2005 年由中医古籍出版社出版，名为《出土亡佚古医籍研究》。全书分为 14 个小专题，包括全国各地出土的秦汉以前医药文化资源，当前世界各地收藏的中国出土卷子本古医药文献备考，关于敦煌卷子中《备急单验药方》书名确定，敦煌写本《平脉略例》及其近似文献，千佛洞中发现的隋唐古针灸图，日、英、俄藏《孙真人千金方》珍稀文献及其重要意义，云梦秦简里的法医检验和医政管理，双包山汉墓出土的针灸经脉漆木人型，敦煌本张仲景《伤寒杂病论·辨脉法》残文出处考，敦煌汉文针灸图腧穴名称位考，陇、湘、鄂三省相继出土的《内经》古诊法残文考，新发现一种最古的中成药刻本仿单，马王堆出土医书中的药学成就，张家山汉墓出土《脉书》初探等。事实上，这些成果绝大多数是马继兴多年研究的积累，仅靠课题所限的短短几年是无法完成如此巨著的。第一个专题——“全国各地出土的秦汉以前医药文化资源”是他近年来的研究成果。他将已掌握的百年来的医学考古发现进行了全面系统的总结，将其按区域进行了划分，并就各文物的价值做了评价。

四、对国内失传中医善本古籍的抢救回归

有许多中医文献由于战争等原因流失海外，其中不少文献国内已经失传。作为一个有良知的知识分子，马继兴每念及此都会痛心疾首。在国外考察期间，每当看到搁置在异国书架上的中医古籍时，他都好似看到流落他乡的家人。这些珍贵的文献，在异乡被当成文物保存着，其真正的意义得不到体现；而国内的人们却无缘见到，无法去研究利用。于是，将这些宝贵的古籍善本复制回故里，成为马继兴一个深切的心愿。

马继兴很早就开始积累海外收藏中医古籍的目录。经过努力，他与学生一起以“日本现存中国散逸古医籍的传承史研究利用和发表”的课题申请了日本国际交流基金会亚洲中心的课题经费。不久，又获得国家中医药管理局1997～1998年度重点课题“日本现存中国散逸古医籍的研究与整理”。在马继兴的领导下，这两个相关的课题顺利进行，分别于1996年、1997年、1999年以“日本现存中国散逸古医籍的考察与出版研究”为题，展开了研究工作，复印、拍摄回归了国内亡佚古医书155种。1999年，课题成员选出其中的精善者，编成《日本现存中国稀覯古医籍丛书》，由人民卫生出版社影印出版。此外，课题组成员将研究心得撰写成解题130余篇，发表论文近20篇，取得了丰硕的研究成果。马继兴清楚，海外还有大量中医古籍没有回归，现在所完成的工作只是走完万里长征的第一步，他没有满足，而是继续努力。1996～1999年，马继兴主持中国中医研究院课题“考察当前流散海外中医药善本古籍及其回收途径的研究”。1999～2002年，马继兴主持“《海外中医图书联合目录》的编纂”课题。2001～2002年，马继兴领衔负责科技部基础性工作专项科研课题“国内失传中医善本古籍的抢救回归与发掘研究”。经过多年的调查发现，世界上11个国家和两个地区的137家图书馆，收藏有27250部中医古籍。经过努力，他们复制回归了总计266种宋、元、明、清版本的善本医籍与抄本，复制页数达174152页，校点出版或影印了69种善本古医籍。这是中国近代以来最大的一次中医善本古籍的抢救回归工作。他们的工作成倍地超出了课题的考核指标，使流失海外的中医善本古籍基本上得以回归，受到验收专家的一致好评和高度赞扬。验收专家指出："这批中医善本古籍的回归，弥补了国内的空白，称得上功在当代、利在千秋。"目前出版的69种古医籍已经引起学术界的高度重视。专家们认为，随着回归善本古医籍的陆续出版和研究的不断深入，必将极大地推动中医基础理论研究的发展，促进中医药的现代化。2003年，校点出版的《海外回归中医善本古籍丛书》获第四届全国古籍整理优秀图书二等奖、中国中医药学会学术著作一等奖。

该课题2003年获中国中医研究院科技成果一等奖，2004年获中国中医药学会科技成果二等奖、中华医学会科技成果二等奖、北京市科委科技成果二等奖。

药膳文献　服务当今

俗话说："药食同源"、"药补不如食补"。药膳的源头是中医食疗文化和饮食传统。它既不同于一般中药方剂，又有别于普通饮食，是一种兼有药物功效和食品美味的特殊膳食。唐代医家孙思邈在《备急千金要方》中指出："夫为医者，当须先洞晓疾源，知其所犯，以食治之，食疗不愈，然后命药。"可见食疗早已被列为医治疾病诸法之首。

2009 年春天，北京各大书店的书架上都摆上了一部由人民卫生出版社出版的新书《中医药膳学》。让读者意外的是，这竟然是 85 岁高龄的马继兴老人的新作。马继兴什么时候又开始关心起药膳学来了呢？其实他对于药膳的兴趣由来已久，这并不是因为他爱好吃，也不是他善于养生，说穿了，药膳还是他学术研究领域之内的事情。原来马继兴在进行本草研究的时候发现，古代本草中有一类专门谈论食疗的本草著作，由此又发现古代关于饮食的书籍中也多有食疗的内容，对古书有浓厚兴趣的马继兴自然而然地就收集起这方面的资料来了。新作《中医药膳学》实际上是他多年研究中医文献的一个副产品，如果需要翻译的话，应该是“关于药膳与食疗的文献学研究”。

《中医药膳学》共四篇二十八章，广泛收集了历代经史子集和中医古籍中有关药膳食疗的内容，进行了系统深入的整理研究。

第一篇为中医药膳学概论，从现代及历史发展的不同视角，诠释中医药膳学的概念、研究范畴、现实意义。马继兴指出，药膳学是中医药学中的一个重要组成部分，也是在世界医药学历史上由中国人民独创的一门学科。本书编写的目的在于进一步阐明药膳学的学术内涵，回顾其演变源流，总结其科学价值，发扬其实践效益，整理并建立药膳学独特的学术体系。他提出，药膳学应包括食论、食养、食药、食治、食禁、食谱、食史、食制八个方面的内容。食论即食疗的理论；食养提供保健预防和养生方面的药物和方剂内容；食药是各种既可做日常生活的食品又可兼有医疗效果的药品；食治是针对各种不同的疾病分别采用食疗的医疗方剂进行治疗的手段；食禁是指食用某些食物须禁忌的各种事项；食谱是指人们在日常生活进餐时调配的饮食单；食史是关于食疗源流的历史；食制是指和饮食有关的各种制度和规则，还包括法规与民间的礼仪习俗。同时马继兴在本篇还论述了中国历史上的药膳官制与民俗流传。

第二篇为中医药膳学史略，以丰富翔实的

资料，展现从先秦至清代药膳著作的分布状态，并首次介绍日本、朝鲜等国中医药膳流传情况。马继兴发现，先秦出土古籍如马王堆医书中就有药膳方，传世秦汉前后的医方中也有大量药膳内容，如《黄帝内经》中就有大量药膳理论，还有汤液醪醴等药膳方；在《神农本草经》中可供食疗的药物有300种左右，而其序录更是相当于食论。在已佚的秦汉前后的药膳著作则有《神农黄帝食禁》、《神农食经》、《黄帝食禁》、《黄帝杂饮食忌》、《七卷食经》、《老子禁食经》、《扁鹊食禁》、《华佗食经》、《养生要集》、《养生论》、《魏武四时食制》等。这些都是中医药膳的源头，不但在国内被不断发扬光大，而且自古就远播海外，在周围国家中产生了深远的影响。

第三篇为中医药膳著作辑佚，共辑复现已亡佚的从先秦至宋元时期药膳文献54种，如先秦时期屡闻其名而不见其实的《神农（食）

经》、《黄帝（食）禁》、《七卷食经》、《扁鹊（食禁）》、《华佗食论》、《养生要集》、《（嵇康）养生论》、《魏武四时食制》（《四时食制经》）等。这些资料反映了当时药膳发展风貌，为今天了解我国各个历史时期药膳学发展提供了丰富史料。

第四篇为药膳古籍选读，从马王堆出土医书到《黄帝内经》、《神农本草经》、《金匮要略方论》、《养性延命录》、《备急千金要方》、《太平圣惠方》、《奉亲养老书》、《圣济总录》、《三元参赞延寿书》、《饮膳正要》、《养生类要》、《本草约言》、《食治养老方》，精选其中经典的药膳文献，以备读者查阅。

《中医药膳学》是已届耄耋之年的马继兴集数十年的工作基础，展现给世人的一幅完整的中医药膳学文献图卷。它不但对于药膳学发展，而且对于中医学发展都有重要的意义，将有助于拓宽中医学研究的视野，提高未病防病、已病先食疗的认识，深化药膳学科理论的研究。它也是对中医文献学的贡献，提供了一个文献学研究的范例。

桃李满园　学无止境

马继兴的治学精神感染着在他身边工作的年轻人，除他自己带的学生外，到所里进修的学生和其他科室的年轻研究人员也都从他身上受益匪浅，他们走进了中医文献学的大门，并将其治学精神带到各自的工作岗位上。马继兴对待后辈总是提携关心，尤其对外地上门求教者，他都热心接待，耐心解答他们的疑问，尽可能地给予帮助。从第一个硕士研究生郑金生开始，马继兴陆续带出了郭君双、万芳、胡晓峰、黄斌、漆浩、高文柱、潘桂娟、肖永芝、李红珠等硕士、博士和博士后。他对学生要求很严，不容马虎。他的学生大多不同程度地体悟到老师的“严”，同时也能从这“严”中取得学业上的进步，在以后的治学中自觉遵循严谨的科研作风，获得令人信服的科研成果。有学生曾回忆，在读硕士研究生时撰写一篇论文，其中引了某书的序言，为了省时省力，没有核实原文。当文章送到马继兴手上时，马老师立刻拉下脸来，质问序言是从哪里抄来的，学生只好实话实说了。马继兴马上把他带到资料室，找出原书来，指出哪个字是错的，并严肃地告诉他，只有认真查阅原文，才能写进论文中。学生既为自己的马虎羞愧悔恨，又对老师扎实的功底心悦诚服，同时更学到了老师严谨的治学态度。

几十年来，马继兴孜孜不倦地埋头于中医古文献研究，他的研究成果来源于丰富的资料储备，来源于科学审慎的分析、思考。他阅读了数不清的古籍，读书是他唯一的嗜好。在书中他体会到了最大的人生快乐。在逆境中，书更是他值得信赖的朋友。

马继兴深深地明白资料对于中医文献工作者的价值。平时，只要得知哪里有新发现的文物资料，哪怕是只言片语，他也会千方百计收集回来。1994年，他向中国中医研究院图书馆捐献了14部96册中医古籍珍善本图书和4盘缩微胶卷，全部是图书馆当时尚缺的品种。它们有的来自国外友人赠予，也有的是他出国期间收集的流失国外的古医籍复制本，为此他花费了许多心血才带回国内。

马继兴极为简朴。工作中搜集资料，常常自制卡片及卡片盒，全部利用废弃的纸张。这个习惯数十年来一直保持着，并影响和带动了学生与同事，大家都渐渐形成了节约的风气。他的办公室里还有众多没有出版的书稿，当我们问起时，他的回答令人吃惊，他说他不准备出版，因为还不断有新内容要补充。他还说，他写文章从来不为发表。

马继兴一直是骑自行车上下班，这个习惯一直保持到 83 岁，风雨无阻。后来做过手术，在家人和学生们的劝告下才开始乘坐公共汽车上下班。2005 年，已是耄耋老人的他在各级领导的关怀下，分到了一套新房，他很满足。他说现在很幸福，他乘坐公共汽车可以免费，而且总有人给他让座位。如今，马继兴基本上没有什么疾病，身体很好。问起他的养生经验，他谦虚地说，关键是“不动心”，再详细点就是“动脑动体不动心”。他说的不动心是指不要有过分的欲望。不要看到别人如何如何，自己就去攀比。别人有是别人的福分，自己没有也不去追求。学问是自己的，身体是自己的，所以要动脑做学问，动体散散步。这就是他的养生经验，简简单单，平平淡淡。

1993 年 7 月，中国中医研究院向马继兴颁发了从事多年研究工作的“荣誉证书”。1994 年 9 月，马继兴被国务院授予“全国民族团结进步模范称号”。2000年4月，马继兴被中华人民共和国国务院授予“全国先进工作者”称号并颁发证书及奖章，中国中医研究院党委作出“关于开展向全国先进工作者马继兴同志学习的决定”。2003年9月，中华中医药学会为马继兴颁发“中华中医药学会终身理事”证书。2008年1月，中国中医科学院授予马继兴“中国中医科学院荣誉首席研究员”称号。

这些荣誉，马继兴当之无愧。

（撰稿人　张瑞贤）

《中华中医昆仑》丛书150位医家名录

（按生年排序）

张锡纯	丁甘仁	萧龙友	王朴诚	恽铁樵
曹炳章	冉雪峰	谢　观	施今墨	汪逢春
孔伯华	黄竹斋	吴佩衡	蒲辅周	陈邦贤
李翰卿	李斯炽	姚国美	陆渊雷	张泽生
时逸人	张梦侬	叶橘泉	王聘贤	陈慎吾
邹云翔	赵炳南	承淡安	余无言	刘惠民
岳美中	沈仲圭	秦伯未	赵锡武	韦文贵
程门雪	黄文东	赵心波	董廷瑶	吴考槃
章次公	石筱山	陆南山	张赞臣	李聪甫
刘绍武	陈存仁	朱仁康	陆瘦燕	姜春华
韩百灵	高仲山	李克绍	王鹏飞	刘春圃
金寿山	哈荔田	何世英	周凤梧	干祖望
关幼波	王为兰	任应秋	罗元恺	祝谌予
杨医亚	郭士魁	何时希	耿鉴庭	俞慎初

裘沛然	顾伯华	江育仁	邓铁涛	门纯德
刘渡舟	尚天裕	朱良春	李玉奇	程士德
尚志钧	赵绍琴	董建华	米伯让	李辅仁
张珍玉	班秀文	颜正华	于己百	颜德馨
路志正	方药中	王乐匋	黄星垣	谢海洲
余桂清	何　任	王子瑜	程莘农	陈彤云
焦树德	张作舟	张　琪	李寿山	张镜人
王绵之	方和谦	印会河	王玉川	蔡小荪
李振华	马继兴	王嘉麟	宋祚民	刘弼臣
王雪苔	刘志明	吴咸中	李今庸	任继学
裴学义	王宝恩	周霭祥	贺普仁	唐由之
赵冠英	许润三	金世元	陆广莘	刘柏龄
徐景藩	吉良晨	吴定寰	沈自尹	王孝涛
张灿玾	周仲瑛	强巴赤列	张代钊	李经纬
郭维淮	柴松岩	苏荣扎布	陈可冀	李济仁
夏桂成	郭子光	巴黑·玉素甫	张学文	陈介甫